Laurence Noyer

Du phare au figuier

A Pascal Perrat,
Créateur et animateur du blog https://www.entre2lettres.com/
Eveilleur d'idées qui a mis du bleu dans mon ciel.

La lune parfois se prend pour une horloge. Sans doute parce qu'elle sait lire l'heure depuis toujours.

Cheveu blanc !

L'autre matin, elle peignait ses cheveux, elle a dû en oublier un !

L'oiseau qui se cogne aux vitres ne voit pas une vitre mais le ciel dans la vitre. Un cadre de fenêtre contient le ciel tout entier, avec ses nuages, son soleil, sa pluie, son éternité.
Alors l'oiseau se cogne au ciel.

Un motif à carreau pour des chaussettes, vraiment c'est ridicule !
Existe-t-il des carreaux à chaussette ?
Les fenêtres ont des carreaux. Essayez donc de regarder à travers
une chaussette !
La chaussette à carreau ! Un bon motif pour une rupture !

Lundi : la mer monte et vient m'embrasser
Mardi : les parasols sur la plage font tourner leurs jupes multicolores
Mercredi : la mer a étalé sa nappe d'eau sur la plage
Jeudi : la mer est un immense terrain vague
Vendredi : la mer est montée si vite qu'elle s'est essoufflée sur les rochers
Samedi : la mer en montant balaie les châteaux de sable…
Dimanche : … et en redescendant les rêves des enfants.

Toiles d'araignées dans mes pensées
Octosyllabes empoussiérés
Slam à rythmer, rime à trouver
Mes pensées se sont araignées.

Pas bon ménage avec moi-même
Poussière d'idée, escarbille blême.
Rêve délavé, journée de la flemme
Je déménage avec moi-même

Toiles d'araignées avec moi-même
Mauvais coton qu'il faut filer
Route vers le soi, sans arrivée
Je me suis araignée moi-même

Pas bon ménage dans mes pensées
Rêves délavés, Pâques sans carême.
Tête en congé, dimanche idem
Trop de pensées à ménager.

Vendredi soir un adjectif
Est venu me voir
Réclamant toute ma compassion
T'aurais pas une phrase pour m'héberger ?
Il ne savait pas trop où loger.
Comme j'aime bien les cachotteries
A mon texte je l'ai inséré
Lisez donc, (mais) du bon côté.

La coccinelle ayant trop volé, un été
Fut un jour arrêtée par la maréchaussée
Son permis retiré, tous ses points enlevés
La bête à Bon Dieu, grandement affectée
Préféra s'envoler, pour se faire oublier
Son ami le bourdon fut démoralisé
« J'ai besoin d'y voir clair, mais à qui m'adresser
Si je veux retrouver celle qui m'a quitté »
La feuille de chou locale calma son anxiété
Un ver luisant pouvait - car c'était son métier -
Dans sa boule de cristal, y voir et l'éclairer.
« C'est un très bon présage, qu'elle se soit envolée
Prédit-il simplement au bourdon angoissé
C'est un signe de beau temps, dit-il sans rigoler »
Le bourdon, finalement, décida de rentrer
Espérant vivement, le retour de l'aimée
Celle-ci revint enfin, les ailes tamponnées
D'un voyage lointain où elle avait gagné
Suffisamment de points pour voler toute l'année.
Un bourdon comme ami, c'est pas une bonne idée
Pour garder le moral, il vaut mieux voyager.

A chaque anniversaire on lui offrait du passé; sous toutes ses formes ; de l'ancien, du décrépi, du désuet, du réchauffé. Du passé d'un autre âge qui avait fait son temps, qui remontait du déluge, qui se perdait dans la nuit des temps.

Et ça commençait à l'énerver, sérieusement ; lui qui rêvait de futur, de projets, de châteaux en Espagne, de programmes, de lendemains qui chantent, d'avenir, d'horizon.

Il prit donc la décision de s'offrir un présent ; un bel aujourd'hui, sans se soucier du lendemain, ici et maintenant, au jour le jour, d'ores et déjà.

Balade d'une mouche au pays de la séduction
et de la préciosité.

Majestueuse, je me place sur son front
Près de l'œil si je me passionne
Sur la lèvre, je deviens friponne,
Et enjouée sur le menton
Effrontée je m'installe sur le nez
Galante sur une joue
Indécise, sur l'autre joue
Coquette et discrète
Je viens me placer
Autour de la bouche
Tandis que je me fixe
Sur la poitrine si je suis généreuse
Sur un bouton si je suis receleuse …

ASSEZ, j'en ai assez !
Toutes ces années à se faire expulser dès que j'entre
Alors que c'est grâce à moi que tu survis
Tu as besoin de moi pour chacun de tes mouvements
Mais toi, tu ne fais que soupirer, t'épancher, t'écouter
Ça commence à me chauffer sérieusement
Alors voilà ; au lieu de me fouetter ou de me ronger
Je te préviens simplement :
J'ai fait appel à Dopamine, Endorphine et Sérotonine,
Elles vont libérer leurs neurotransmetteurs dans tes synapses et
tu vas tomber raide amoureux
Tu vas te mettre à battre plus vite, tu seras serré ou brisé.
Peut-être que tu t'arrêteras comme ça.

Signé : la goutte de sang qui fait déborder le cœur.

Le bruit qui court proclamait : « La rue meurt ! la rue meurt !».
Aussitôt un mouvement de panique s'empara de la ville.
Chaque bâtisse se pencha pour apercevoir l'agonisante,
Chaque façade s'avança pour vérifier l'état de sa propre rue.
L'hôtel de ville alerté tenta de calmer le jeu : « Ne vous approchez pas
trop, laissez-la respirer, ouvrez les fenêtres, donnez-lui de l'air ».
Les avenues et les boulevards craignaient la propagation.
Déjà certaines venelles avaient profité du week-end pour coller à la
roue des véhicules, les caniveaux avaient rejoint la périphérie par les
égouts, les impasses, moins chanceuses, commençaient à étouffer.

En peu de temps la ville, privée de ses voies, se gangréna.
Mais le bruit courait toujours.

La professeure de Fac perd la face
L'écrivaine traite d'un trait
La trace du trac de l'actrice
Le fan qui se fane pour la ténore,
La clowne met son gag en gage
Pour la tisserande le fil file.
Pour l'électricienne, le lux c'est du luxe
La cuistote met de l'ail sur l'aile
La dentiste fraise au frais
La marin-pêcheuse, c'est la mère de la mer
La marmitone frit la frite
Pour l'aviatrice, Mir se mire
L'empailleuse met le loir dans la Loire
L'angevine met ta main dans la Maine
Chez La maçonne le mur est mure
Chez la docteure l'os m'ose
La bistrote offre un pot à son pote
La charpentière vise la vis
L'adultérine bise bis
L'habilleuse met le cap sur la cape
La traminote traine son train
La masseuse dose les dos
Le mâle a mal chez les féministes
Il est une île pour les féministes…
Mais certains mots portent mieux le kilt que la jupe.

Poisson rouge ayant tourné dans son coin toute l'année
Se trouva fort déconcerté quand sur la table il fut posé
Son bocal nettoyé et rincé, on l'y avait replongé
En compagnie de végétaux variés
Bah ! pourquoi-pas ? se dit-il amusé
Les humains ont parfois de ces idées !
Propulsé sur la table au milieu des invités
Il avait commencé à tous les regarder
Puis s'était rendu compte qu'eux aussi l'observaient
Soit ! pensa-t-il pour aussitôt l'oublier
Vu que sa mémoire après un tour s'effaçait
Soit ! repensa-t-il avant de remarquer
Que chacun dans sa main tenait un ustensile
Que voulaient-ils ?
C'est alors qu'il sentit…
Ah ! c'est terrible…
Il sentit que l'eau dans laquelle il baignait, chauffait
Était-ce possible ?
Le bocal, tel un poêlon à fondue
Sur un réchaud reposait
C'est horrible !
Il était le repas de tous ces convives
Il n'eut pas le temps de penser : c'est foutu
Heureusement pour lui, foi de morue
Au tour suivant, il s'en rappellerait plus.

C'était un dimanche soir très tard. Un livre bavard et pleurnichard qui me prenait pour un buvard, de confidences, peu avare, crut bon de me faire part.

Un livre m'a ouvert ses pages, à mon dimanche mit l'abordage, me fit subir son caquetage quand moi, je ne rêvais que camouflage, calfeutrage, cloisonnage et lit-cage.

C'était un dimanche soir très tard. Il devait être onze-heure et quart. J'avais pris un livre par hasard. Je suis tombé sur un polar et ce fut le début du cauchemar.

Un livre m'a ouvert ses pages, heureux de ce feuilletage. Vous comprenez, dit-il avec rage, ma crainte, c'est le pilonnage. J'ai déjà subi l'encollage et l'emballage. Je préférerai de loin un parrainage.

C'était un dimanche et cetera, et cetera… L'inspiration déliée dans le brouillard, j'écrivais sans grand courage. Quand pour éviter le verbiage, un livre de rime m'a ouvert ses pages. Les rimes en ar ce n'est pas sage. Les rimes en age c'est le bazar.

Si lundi mon livre pouvait se la fermer…
Merci.

Ci-gît Proust et sa recherche du temps perdu
Ci-gît Icare et ses ailes hall(ucin)ogène
Ci-gît La grenouille et ses chimères bovines
Ci-gît Les lendemains qui chantent
Ci-gît La petite sirène et ses jambes divagantes
Ci-gît La fin de la faim dans le monde
Ci-gît Christophe Colomb et ses méditations orientales
Ci-gît Les roses pourpres qui crèvent l'écran du Caire
Ci-gît La pierre philosophale et son mirage de l'or-plomb
Ci-gît Le poète et ses perles de pluie
Ci-gît La môme Piaf et son « décroché de lune »
Ps : La famille Illusion et l'ensemble de ses rêves a la joie également
de vous faire part de la naissance du petit Songe et de sa cousine la
petite Imagination, descendants l'un de Mary Poppins, l'autre de La vie
en rose

L'homme recueille le livre, défeuillé.
Au milieu des décombres de l'automne, quelques pages survolent, survivent.
D'autres déjà sont blanches, vidées de leur encre, amputées de leurs mots.
Quelques lettres éjectées, s'accrochent, s'approchent.

L'homme recueille une à une les lettres dispersées. Il les ajuste sur la page blanche et recompose l'histoire : « *Octobre touchait à sa fin, les arbres perdaient déjà leurs feuilles. C'est alors qu'un étrange phénomène se produisit. Un mimétisme végétal gagna les livres et les hommes.*
Les feuilles de livres jaunirent puis se détachèrent, des oreilles aussi... »
L'homme recueille le livre restauré, traverse les décombres de l'automne, laissant se détacher derrière lui... ses oreilles, son nez, ses doigts, ses...

Hier soir 15 juillet, j'étais en mission avec Neil
Quand nous sommes arrivés il m'a dit de me garer sur le côté
Puis de reculer.
Hier soir 15 juillet en effectuant ma marche arrière j'ai écrasé une étoile

HIER SOIR 15 JUILLET 1969, J'AI ECRASE L'ETOILE QUI ECLAIRAIT LA LUNE
J'ai loupé ma mission, je suis redescendue sur terre.
Aujourd'hui 16 juillet j'aurais dû être dans la lune
Neil y est retourné seul et a aluni avec ses lampes torches
Puis il a déclaré à mon intention sans doute : « une petite marche AVANT pour l'homme, mais une marche AVANT de géant pour l'humanité »

Lettres cueillies dans la rosée bleutée
Mots parfumés aux senteurs de pluie
Virgules livrées avec les fleurs de saison
Idées détachées des nuages du matin
Texte emballé dans le vent du soir
Paragraphe sublimé par le soleil d'hiver
Phrases découpées directement dans le paysage
ECRITURE BIO ET EPHEMERE

Alice était impatiente de passer à table.
Un pique-nique géant se dévoilait devant elle : de la nourriture à perte de vue, un cocktail de luzerne et de légumes…

Quand son lapin vit le troupeau humain se jeter sur le foin,
il se rappela que les vaches se nourrissent de farines animales
et les crevettes de poisson.

Alors il se précipita sur Alice et la bouffa.

Votre forfait "Je t'aime" est dépassé ?
Nous vous proposons...

Le forfait Tristan et Iseult « Amour troubadour »
Le forfait Bonnie et Clyde « Amour au secours »
Le forfait Victoria et Albert « Amour haute-cour »
Le forfait Marcel et Edith « Amour poids lourd »
Le forfait Ulysse et Pénélope « Amour retour »
Le forfait Swann et Odette « Amour Cabourg »
Le forfait Roxane et Cyrano « Amour discours »

Recette de la soupe d'émoi :
Choisissez 2 bons kilos d'émotions, selon saisons, et leur degré de maturité, cueillies à fleur de peau ou encore vertes.
Préférez la rage à la contrariété ; l'extase à la sérénité.
Epluchez certaines d'entre elles afin d'en faire sortir tout le piment
Libérez par le chagrin, tous les pépins de la tristesse.
Laissez reposer la pâte de vos colères, pendant que vous irez cueillir quelques joies au potager de l'extase.
Malaxez l'ennui pour en extraire l'essence de votre créativité.
Déglacez vos terreurs avec de la liqueur de confiance.
Saupoudrez de vigilance.
Dégustez

Finalement, elle était bonne comme ça, elle laisse parfois un petit goût amer mais, c'est la soupe de ma vie.
J'ai balancé mon pèse-émotion.

Ma main traine
au fond de mon vieux cartable d'écolier en cuir épais,
Il a gardé l'empreinte
de la douceur du papier
du grain des livres anciens
du mic-mac du fond du sac
des billes, des bonbons, des fleurs séchées
Tout le trésor du chemin de l'école

Mon cartable était ma roulotte, ma hotte, mon coffre à jouet
Il était l'écrin de mes trouvailles, le réceptacle de mes chagrins
La traînée de poudre de mes rêves de gamin
Les escarbilles d'étoiles, les pacotilles de fin de récré
Ma main traine encore dans mon vieux cartable tanné par les années.
Je ne range rien, je me souviens.

Depuis qu'il n'avait plus un cœur d'artichaut
seule l'inconstance l'émouvait encore.
Il n'aimait plus que les faux-amis
Depuis qu'elle lui avait brisé le cœur
Seules ses tromperies l'émouvaient encore
Il n'aimait plus que les faux fuyants

Depuis qu'il n'avait plus de cœur au ventre
Seule la perfidie l'émouvait encore.
Il n'aimait plus que les faux-témoignages
Depuis qu'elle lui avait fendu le cœur
Seule la trahison l'émouvait encore
Il n'aimait plus que les faux-frères

Depuis qu'il n'avait plus le cœur gros
seul le futile l'émouvait encore.
Il n'aimait plus que les faux-bonds.
Le cœur de Pierre vraisemblablement
N'était fait que de faux-semblant
Car il est vrai, vrai de vrai
Qu'un cœur en s'emballant
N'est pas vraissemblant
Mais vivant.

Son lieu de culte était un cagibi
où reposaient des générations de crayons,
de gommes et de papiers.

L'ossuaire de l'écriture comme il disait
La nécropole du crayon
La crypte du papier
L'hypogée de la gomme

Chaque jour il y récitait
Le requiem des signes
Chaque jour il méditait
Sur la langue et sur le style

Et puis dépoussiérait
Vérifiait les mines
Et fleurissait d'aphorismes
Parce que sait-on jamais
Il suffirait peut-être
Qu'à la mort des tablettes
Et d'e-book virtuel
Des générations de crayons,
de gommes et de papiers.
Du cagibi déguerpissent
Et d'entre les mots ressuscitent

Message du ciel
Message de son père
Sur son pare-brise
Notes de musique
Comme des mots
Pizzicato
La, Si, Do
Là-bas, Si loin, Dors.

Des confettis de larmes dégringolent du ciel
Mots d'averses, lettre orage,
Tam-tam de l'au-delà
Java du clap-clap
Azur jazz
Céleste slap

Il commença à pleuvoir.
PA
Une goutte glissa sur le pare-brise
PAPA
et dessina une lettre, puis une autre.
PAPAPAPAPAPA

Elle était née avec, imprimée sous la plante des pieds, une date de péremption.

Un jour, prise de démangeaisons, elle se pencha sur cette drôle d'impression, et lut avec effroi: "A consommer de préférence avant le début du printemps".

Immédiatement après elle se pencha sur l'autre pied:

"Témoin d'usure TWI inférieur à 1,6 mm: changez vos pneumatiques immédiatement"

La peur la gagna ou plutôt la perdit car elle se mit à explorer tout son corps. Sous son genou gauche, elle découvrit un code barre, un tampon de traçabilité ornait sa cuisse droite, et l'étiquette énergie collée sous son nombril lui indiqua qu'elle consommait beaucoup trop. Elle en perdit brutalement l'usage de la parole. Elle continua en tremblant son exploration. Son contrôle biotechnique était bon à refaire. Sa fesse gauche avait déposé le bilan, et la droite, changé de propriétaire. Ses pouces n'étaient pas recyclables, et ses coudes non biodégradables. Les jambes nouées et la gorge en coton, ses dents battaient la chamade et son cœur claquait. Ne sachant plus où donner de la tête elle décréta finalement une liquidation totale avant fermeture définitive. L'été approchait, et avec lui le début des soldes, on lui accorderait sans doute une bonne remise.

Remise en forme cela va de soi.

On s'est rencontrés chez un vendeur de livres d'occasion
Elle flânait, je me morfondais.
Je suis devenu son livre de chevet.
Chaque soir, elle humectait son index pour tourner mes pages.
J'adorais ça !
Pour chacune d'entre elles, elle mettait sa griffe, c'est ce qui lui donnait le plus de plaisir
Parfois elle invitait son ami, Thésaurus
Il ne devait pas la décevoir, elle voulait tout satisfaire
Certains soirs, trop impatiente, ses doigts fébriles l'envoyaient à l'index.
Hier, fini de jouer. Elle m'a mis en vente sur eBay :
A vendre : grilles de mots croisés, entièrement résolues

Et le théâtre s'ouvre.
Ma main dégage le rideau qui se referme aussitôt
C'est comme si j'essuyais avec une éponge trempée
Mais à travers ses fibres hydrophiles
Chacun de mes passages fait tourner une page
Sur un monde qui chavire
Un ciel qui flotte
Un paysage qui sombre
C'est le chaos dehors
Et moi, inlassablement je pare-brise

1,2,3 soleil
Elle se retourne
Elles sont deux, à la fixer
La plus grande est déterminée, régulière, longiligne,
En déséquilibre sur un pied, elle frémit prête à s'exécuter, impossible à
arrêter.
A ce jeu-là, elle ne pourra jamais gagner, elle perd son temps.
La plus petite ne bronche pas, elle semble figée, et pourtant elle ne
cesse d'avancer.

C'est sur le coup de 12h26, ce dimanche que la trotteuse s'est laissée
doubler par la petite aiguille, sans l'avoir vu venir. La grande aiguille
quant à elle, est partie observer une minute de silence.

Selon plusieurs témoins présents sur le papier, l'adjectif a ouvert sa parenthèse au moment où l'interrogation se pointait

Il s'ensuivit une belle pagaille ponctuée de :

« Virgulez, y a rien à voir ! »

« Je n'en ai rien à tiret ! »

« Je vais te mettre un crochet ! »

« Et mon point sur ton i »

« Mais, fermes-là, ta parenthèse ! »

Le monde a changé d'odeur.

Alors j'ai mis Paris en bouteille
L'ivresse en flacon
Le matin en savon
Et j'ai distillé le soleil
Vous sentez ? comme ça sent bon !
Et l'odeur de l'argent…
J'en ai fait un déodorant

J'ai chassé les mauvaises odeurs
J'ai usé d'adoucisseurs
Dans mon herboristerie
J'ai déniché un vaporisateur
« Pois de senteur »
J'ai mis sur le monde du « sent bon »
Et l'odeur a changé le monde

Ses parents ne vivaient pas sur un grand pied

Jusqu'à ce qu'au congrès des Cordonniers Mal Chaussés
Dans la ville de Brodequin sur Charentaise
Elle rencontre Go, dit Yo
Qui lui fit miroiter une vie de lustre
« il faut t'espadriller si tu veux vivre en escarpin »
Elle le suivit jusqu'à son pied à terre
et se retrouva dans la secte des Croquenots
Go Le gourou voulait juste lui pomper ses lacets.
Alors au moment où il tourna les talons
Elle prit ses jambes à son cou
…Au débotté

Il est né noir avec une coquille brisée sur la tête
CAtastrophe ! C'est vraiment trop injuste
Alors, dès qu'il a un petit coup de déprime il se précipite au supermarché
LIeu où il est remarqué grâce aux caméras de contrôle
MErveilleux acteur, on lui propose de jouer une publicité
ROle qui lui redonne confiance en lui
Convaincu de son importance, il s'imagine par son
CHANt, faire se lever le soleil.
L'arrivée d'une poule faisane bouleverse sa vie
TEllement qu'il en oublie de chanter.
L'astre du jour étant cependant apparu, il devient la risée de tous les animaux
Alors, dès qu'il a un petit coup de déprime il se précipite au supermarché
le**CLER**c

Annonces trouvées sur le Non Loin

Tête de lit recherche pied de lampe pour harmoniser corps de ferme
Tête d'épingle ne manquant pas de piquant cherche tête à chapeau
Tête qui tourne achèterait tête au carré
Echangerais des pieds à la tête contre de la tête aux pieds
Tête ailleurs aimerait rencontrer tête en l'air
Tête à tête cherche dent pour dent pour dîner

Avant, quand je fermais les yeux
je voyais des petits nuages bleus.
Des soleils en fleur,
Des étoiles en couleur…
Les ailes des moulins faisaient tourner le vent
Et les orages dans l'air valsaient à quatre temps

Maintenant, je vois des boîtes de cirage.
Des bottes en plastique, des cuillères à potage
Des pinces à linge, des boutons de corsage
Des clés de contact, des tuyaux d'arrosage
Le docteur dit que c'est dû à mon âge,
Que mon imaginaire a déboulé d'un étage

Moi j'ai ma petite idée…
Je ne sais plus rêver,
Je suis fan du banal,
Piégé par l'ordinaire,
J'regarde pas assez en l'air.

Désormais même en ouvrant les yeux,
Je les verrai les petits nuages bleus

Un paillasson beau gosse coiffé en brosse
Recevait à chaque heure de la journée
Des centaines de couple-pieds
Dans son entrée ou sur le palier
Des traine-savates, des talon-aiguilles
Des va-nu-pieds, des âmes en béquille,
Consignataire de toutes ces Vies De M.
Expert es-rainure de semelle
Il en avait tant supporté qu'il en était usé
Un soir, n'y tenant plus, il sortit se secouer
Il avait depuis peu pour voisine de palier
une serpillère jamais essorée
Ses effluves lui montaient au nez.
Il décida de lui dire ses quatre vérités.
« Eh ! la voisine, allez donc vous moucher
Et cessez donc de renifler
Vous empestez tout l'étage
Avec votre eau d'un autre âge »
La serpillère en avait tant supporté…
Elle recevait à chaque heure de la journée
Des centaines de coups de balai
Dans son entrée ou sur le palier
Jetée à même le sol
Précipitée dans l'eau du seau
D'un va-nu-pieds, d'un traine savate.
Qui ne voulait plus l'essorer contre lui
Qui la traitait comme un paillasson !

Faire le mort. Mode d'emploi

La fabrication d'un mort se décline en plusieurs étapes.
Les morts se fabriquent à partir de différentes essences et leur provenance n'est pas exclusivement française. On trouve des morts arrivés directement de France, mais aussi d'Amérique du Nord, d'Afrique ou d'Allemagne.
Leurs troncs sont entreposés à l'extérieur en attendant de passer à la scierie afin d'en obtenir des tranches.
Les tranches, entassées les unes au- dessus des autres vont rester stockée à l'air libre durant au moins 4 mois pour que le mort s'imprègne du climat et arrive à sa maturation.
Au bout de ces 4 mois, les tranches arrivées à maturité sont dirigées vers l'étape "séchoir".
Une fois "séchées", les tranches passent par l'atelier de découpage. Les ouvriers effectuent un tri des morceaux afin de ne garder que les morceaux de qualité.
Après la découpe, place à l'assemblage. Un mort peut comporter entre 8 et 14 pièces selon son degré de "sophistication".
Il existe deux modèles de mort :
Le modèle "Parisien" à épaules.
Le modèle "Lyonnais" en coupe droite
Une fois le mort assemblé, il doit passer par la case "vernissage". Le mort commencera par rouler dans un caisson de vernissage, puis ira sécher au-dessous de lampes basses pression.
Une fois terminé, le mort est redressé, recouvert d'un carton et emballé sous un film plastique thermo-rétractable, direction l'entrepôt des morts où il attendra la prochaine commande.
Comme pour une collection de prêt à porter, un mort est fabriqué en plusieurs tailles et plusieurs modèles.

Je te donne ma bille
car son trait se brindille
prêtes-lui donc ta plume
pour un titre posthume.
Je te lègue mon encre
et mon corps cristallin
à seule fin que tu hantes
mes écrits de demain
Je donne mes couleurs
à ta prochaine fresque,
et puis tous mes ressorts
à tes frêles arabesques
Je veux bien être utile
et à la science donner
mes organes fossiles.
Pourtant de mon stylo
j'aurais préféré
ne donner que le o,
pour préserver mon style.

Terre avait pris un petit coup de vieux,
Ses crevasses s'approfondissaient,
Ses tremblements se répétaient,
Ses chutes s'aggravaient,
Son état se dégradait.

Elle essaya la gelée royale, le gingembre et les compléments alimentaires.
Il y eut un petit mieux, il ne perdura pas
Il aurait fallu la laisser reposer-respirer-résister-recevoir-récolter refléter.

Alors Terre osa la cure de rouleaux de printemps
Et là, vous n'imaginez pas…
Les effets de renoncule-renouée-réséda-réglisse-reine-des-prés.
Harumaki !

Il est entré dans la vie par une porte dérobée
Ce grignoteur d'espace
Ce dérobeur d'endurance
Ce trépaneur de mémoire
Personne ne l'a vu passer.
Cet entraineur de sablier
Ce voleur de couleurs
Il pensait traverser l'existence incognito,
Ce façonneur de rides
Mais ça ne s'est pas du tout passé comme ça.
J'ai fini par le remarquer et j'ai convoqué toute une armée pour le contrer
Des bras danseurs
Des cheveux boucleurs
Des mots douceurs
Des yeux frondeurs
Des pieds déambulateurs
Une bouche en cœur
On ne me le fait pas à moi, le coup du temps qui passe !

Quand j'écris tout mon corps s'emphrase

Mon crane s'épithète
Mes oreilles s'enguillemettent
Mes yeux s'arobasent
Mes bras se parenthèsent
Mon visage s'émoticone
Ma bouche se typographe
Mes jambes twittent
Mon cœur s'interjectionne

Quand j'écris tout mon corps s'expressionne.

Son Ailleurs,
Partait dans le jardin
Jamais loin.
Il était comme un chien,
Par sa laisse, bridé.

Mais c'était sans compter sur son fidèle gardien,
Son voisin Le Lointain et sa bande de copains

Avec son ami Partout
Qu'il avait sous la main,
Toujours les emmena
Jusqu'à la Saint Glinglin.

Plus tard, sur le champ
Ils virent Maintenant,
Autour dans les parages,
Et Jamais sans relâche

Pour l'heure, son Ailleurs
Revient de nulle part ;
Pareil au chien fuyard
La laisse lui fait horreur.

C'est l'alliance des canards qui nous crient on en a marre
de pioncer dehors chaque soir sans faire couette couette
tout ça parce qu'un connard a décrété, quelle histoire
de taxer notre plumard
avouez que c'est bête !
À présent claquant du bec en secouant leurs plumes avec beaucoup
moins d'entrain
Et de coin-coin
Dans cet état où le roi est seul à avoir un toit
Le peuple se détourna du souverain

C'est la chansonnette, ailes dessus dessous
Et sans étiquettes d'une mise au clou
Et un soir il décida en accord avec les oies
De soudain mettre les voiles très loin, très loin
C'est un peuple migratoire désespéré, grand et fier
C'est l'alliance des eiders qui nous crient : on en a marre
Allez mettez-en un coup
non, ne pliez pas les genoux
Redressez-vous…

Reclus

Fuis
Mutile ton plancher
Ecorche ton sol
Estropie ton ombre
Echarde tes pieds
Façonne ton envol
Déchaîne ta ronde
Contusionne tes visées
Gomme ta boussole
Tais-toi
Réprime tes mots
Retiens tes secrets
Eclipse ton moi
Cache tes idéaux
Demeure discret
Reste tranquille
Embastille ton silence
Façonne tes ténèbres
Relâche tes iles
Arrime ta patience
Dentelle ton funèbre

A celle qui...

D'énergie, ponctue les chemins
Cherche des liens, fragmente l'horizon
A CELLE QUI OBSERVE
La fleur confie ses graines
L'arbre tend ses ramilles

D'espoir, accède à l'idée
Pense avec la main, révèle le geste
A CELLE QUI SAISIT
De quelle nature est la nature,
Reconstruire le réel

D'inespéré, prolonge ce qui meurt
Lit un autre chant
A CELLE QUI ENNOBLIT
Cueille des copeaux de nuage
Dentelle les osiers

De solitude, noue l'élégance
Ecrit l'éphémère
A CELLE QUI EXTRAIT
Va à la ressource
Tisse sa consolation

Quand les couleurs s'envolent, l'arc en ciel

Quand le vert mousse, la menthe à l'eau
Quand le noir désir, le carré blanc
Quand le gris perle, le cordon bleu
Quand le bleu nuit, la lune rousse
Quand la nuit d'encre, le jaune d'or
Quand le blanc en neige, le rouge écarlate
Quand le rouge à lèvres, le gris souris
Quand le vert amande, la lie de vin
Quand le jaune paille, le gris ardoise

Quand l'arc en ciel, les couleurs…

Le fou

Aimant vagabonder sur le fil des nuages
Il fait bronzer ses rêves à son propre soleil
Et ses vertiges enfièvrent tous les mots et vermeils
Peu importe l'ivresse pourvu qu'il y voyage

Il assigne des ailes à toutes les rengaines
Pour que les litanies ritournellent et chancellent
Il poursuit les méandres de chaque égarement
Pour que dans son enclos, enflent les fruits du vent

Aux jardins des médiocres, il plante ses lubies,
Et repique ses songes au cordeau de la vie
De toutes les marottes, il a fait l'inventaire

Il dégrafe en riant ses élans visionnaires
Il sait que sa folie est tout sauf ordinaire
Mais il ne voudrait pas d'ordinaire sans folie.

Le piètre

Il a fait du quelconque son menu ordinaire
Et fait passer sa soupe pour un grand consommé
Il assaisonne ses plats avec une pincée d'air
Et alimente ses hôtes avec du réchauffé

Il a dans sa réserve tout un tas d'anodins
Et donne du frugal avec grande abondance
Il offre sans mesure ses morceaux de carence
Et gave avec grandeur celui qui n'a plus faim

Insipide tambouille, dont il fait tout un plat
Imbuvable nectar, rebutant les papilles
Incolore pitance, relevée d'apostilles

Excellent cuisinier adepte du succinct
A sa table il invite, petit, fade et passable
Et n'a jamais cassé trois pattes à un lapin.

Parce que chaque jeudi
On est ceci, on est cela
Quand, trêve de blabla
On fait la bamboula
Et ça jusqu'au samedi

Ma mère au tralali
Mon père au tralala
Sous la pergola de la villa
Nous y voici, nous y voilà
Et nous liessons jusqu'au lundi

Ma sœur en si
Mon frère en la
Et moi parfois
Couci, couça
Pour aller jusqu'au mardi

Deci, dela
On fait comme si
Quand on ne sait pas
Comment faire ça
Ici et là

L'ennui

Le temps est à l'ennui
Et le ciel est si griste
Que pour se divertir
On espère la pluie.

L'ennui est l'ennemi
Des âmes embrumies
Monotonie d'eau vide
Où sombrent l'ardeur transi
Des papillons gris

Mais peut-on vaincre la pluie ?

L'ennui tombe sur l'ennui comme la pluie tombe sur la pluie

Mais peut-on éviter la pluie ?

Tromper l'ennui, tromper l'ennemi
A tout prix, avec l'envie
De renoncer à donner
Un sens à l'infini

Et se contenter de regarder la pluie
Tomber

Le menteur

Il entorse le vrai
Et farde le réel
Paré à décoller
Le papier bleu du ciel
Sous ses airs de faussaire
Il dupe comme on respire
Sans jamais manquer d'air
Sans que rien ne transpire
Il jette précisément
Sa poudre directement
Aux yeux clairement
Il brode en fils blancs
Son tissu d'imposture
Et dérobe sous la peinture
Son masque grimaçant
Usant de faux-fuyant
Cet arracheur de dents
Nous mène en bateau
Vers le limon placebo
D'histoires justement
A dormir véritablement
Debout certainement

L'obscur

Petit parapluie noir au milieu des ombrelles
Torpeur austère tapie sous l'hiver du soleil
L'âme en flocon trainant sa peine en bandoulière
Des larmes confinées dans un corps serpillère
Fenêtre ouverte sur la débâcle à venir
Lendemains infondés à toujours rebâtir
Morne peine d'un inévitable dimanche
La dépouille en linceul d'une énergie rongée,
Désirs évanouis entre noir et blafard
Douleur alanguie dans l'ombre du marasme
Inlassable combat pour contrer l'avalanche
Poursuite sans répit d'une existence sans vivres

Elle avait des SNIFF, SNIFF majuscules et des hi, hi, hi minuscules
Elle confia sa peine à un « noyeur de chagrin »
En une séance, kss, kss elle fut guérie, whaou !
Le « noyeur de chagrin » voyait bien, haaaaaaa,
Ses ronrons, ses pfffft, ses bof, ses berk !
Il lui fit une ordonnance, ouf !
Son tic-tac trop zap, son froufrou si buzz
Il lui fallait du vroum, du surf on wouap !
Ne pas laisser le badaboum faire schlack !
Quand on crac et que le zip ne fait plus sbaf
Faire appel à Ho ! Hey ! pour le Clap-Clap !
Demander des Smack et puis des Lalala !
Même si Toc-Toc fait Flip-Flap
Essayer les Bzoung et les Hourra !
En cas de Oups, pas de Argn !
Et bientôt, Waouah !!!
Ses sniff, et ses ouinnnnn
Devinrent AH, AH, AH !!
MWOUAHAHA !!!!

Elle plonge sa plume dans l'eau de mer et inscrit sur la plage d'une
écriture éphémère l'instantané de son passage sur terre.
Des coquillages enluminent la page, des algues s'arabesquent,
et l'encre de la seiche vient souligner le texte.

Elle plonge sa plume dans l'eau de mer et les crabes pointillent sa
démarche.
Les châteaux chimériques s'érigent à l'encre sympathique.
Les traits-points en morse du phare ponctuent son texte anachronique.

Elle plonge sa plume dans l'eau de mer et termine sa confession
maritime.
Elle livre ce qu'elle a de plus intime, dévoile au monde son secret.

La mouette rieuse l'a découvert juste à temps,
Juste avant que la marée aie tout recouvert.

La voix du vent
Caresse le sable
Et inlassable
Entonne son chant.
Sur cette plage
L'enfant capture
Cet air augure
Né d'un mirage.
Il en dépose
Une bonne dose
En provision
Dans ses poumons.
Et d'une bouffée,
le restitue
Dans la tenture
De son voilier.

Mon Cher,

Je ne sais pas où ma lettre va vous pêcher,
vous êtes un jour ici, un autre là.
Autant espérer plier l'eau !

Je vous vois passer depuis des années…
J'ai bien tenté d'attirer votre regard, votre attention,
par des lancers de carrelets, de ricochets ou de désespérés.

Parfois, vous disparaissez pendant des mois… seul le sable vogue
entre mes piles.
Suspendu entre vos bras, accroché à vos caprices,
construction dérisoire d'un chemin déserté,
je trace une ligne futile entre vos rives

Inutile et vaine passerelle,
j'attends alors votre retour pour prendre mon bain de pied

J'aimerais rendre mon tablier
mais si je me replie sur le quai,
Qui s'arrêtera pour épier la pétulance de vos fards ?
Qui remarquera le remous de vos boucles ?
Qui comprendra l'impétuosité de votre âme ?

Je vais rompre.
Pour ne plus être un pont !
Juste être…
Suspendu.
Pour vous escorter.

La grande Imposture

Levée au son des sornettes
Elle emprunte au moine son habit
Sous son masque se refugie
Et s'entraine pour les courbettes
Elle déjeune de leurres
Avale ses couleuvres
Et fête la Saint-Ginglin
A l'eau de perlimpinpin
Fille de grande Illusion
Et de Mystification
Elle brode en prémédité
Tout au long de la journée
Même à son miroir, le soir
En démaquillant ses bluffs
Elle raconte des histoires
Comme deux et deux font neuf

L'été avait laissé sa place à l'automne.

Il avait rangé ses rayons, remballé ses vacances, raccourci ses journées.

Dans ma salle à pleuvoir, je conjuguais la pluie à tous les temps : gris, nuageux, menaçant…

Enfin, le soleil dispersa les couleurs de son puzzle rompu, et l'averse de mots se précipita sur la feuille : roux, cuivré, pourpre, carmin, garance, ocre, safran, ambré…

L'ombre vaincue

Désormais
Tu ne t'avanceras plus vers moi
Tu ne retiendras plus mon pas
Les contours de ton absence
S'estampilleront de silence.

Désormais
Tu ne seras plus le Donjon
Du château de mes abandons
Où je coulais mon impatience
En creux de ton éminence

Désormais
Tu ne fixeras plus mon horizon.
Tu ne régleras plus mes saisons.
Ta belle arborescence
S'incarnera, évanescente.

Désormais
Tu ne donneras plus d'audience
Aux chants de l'existence.
Tu n'assigneras plus résidence
A l'ombre de l'été.

L'heure d'été ayant eu son temps de célébrité
Se trouva fort dépourvue quand octobre fut venu
Plus un seul petit instant
A grignoter à la meringue du temps
Elle alla avant-demain
Chez l'heure d'hiver son voisin
Le priant de lui donner
Un moment pour subsister
Jusqu'à la saison nouvelle
Je vous paierai, lui dit-elle
Avant mars foi d'agenda
Mémento et almanach
L'heure d'hiver n'est pas préteur
C'est là son moindre défaut
Que faisiez-vous au temps chaud ?
- Remettant les pendules à l'heure –
Nuit et jour avec le temps,
J'n'ai pas chômé, ne vous déplaise
A la bonne heure ! j'en suis fort aise!
Eh bien, pointez maintenant !

Le week-end, il s'habillait, à l'imparfait.
Il se négligeait, a, i, t.
Tandis que la semaine,
c'était toujours au plus que parfait
qu'il était costumé, é.
Elle, par ce passé composé,
est agacée, é, e.
Quand elle pense, e
au présent
et à ce que fut, u, t
leur simple passé.
Elle n'imaginera, r, a
plus le futur de leur couple
qu'au conditionnel.
Elle aurait aimé, é
plus d'infinitif,
à conjuguer, e, r.
Admettons, o, n, s
– c'est impératif ! –
que la mode
c'est l'indicatif !

Mettons de l'o dans nos idées !

Quand nos beaux mots voguent à vau l'eau
Sur le bateau de nos désordres.
Quand nos propos sonnent le faux
Et que les ragots nous endorment.
Quand nos folies se désordonnent
Au tableau de nos idéaux ;

Mettons de l'o dans nos idées !

Quand Erato ne nous accorde
Aucune icone, aucun symbole.
Quand le protocole entonne
Ses normes monotones.
Quand le morose nous désole
Et que la prose fait la pause ;

Mettons de l'o dans nos idées !

Facebook
Un amour de petite chèvre!
Jolie avec des yeux doux, sabots noirs et luisants, docile, caressante,
Seloger.com
En regardant la montagne : « Comme on doit être bien là-haut »
Écoutez, monsieur Seguin, je me languis chez vous, laissez-moi partir. »
Un soir elle s'échappa de son étable où elle était enfermée.
Leboncoin
Quand elle arriva dans la montagne, ce fut un ravissement général. On la
reçut comme une petite reine. Plus de corde, plus de pieu… rien qui
l'empêchât de brouter à sa guise. La chèvre blanche se vautrait là-dedans e
roulait le long des talus.
You tube
Tout à coup, le vent fraîchit. La montagne devint violette ; c'était le soir. Un
gerfaut la frôla de ses ailes en passant. Elle tressaillit. Puis ce fut un
hurlement dans la montagne : « Hou! hou!»
Meetic
La chèvre entendit derrière elle un bruit de feuilles. Elle se retourna, et vit
dans l'ombre deux yeux qui reluisaient. C'était le loup.
Candy Crush
Le monstre s'avança, et les petites cornes entrèrent en danse. Cela dura
toute la nuit. L'une après l'autre, les étoiles s'éteignirent. Blanquette redoubl
de coups de cornes, le loup de coups de dents…

Marmiton.org

Le chant du coq monta d'une métairie.
– Enfin ! dit la pauvre bête, qui n'attendait plus que le jour pour mourir; et ell
s'allongea par terre dans sa belle fourrure blanche toute tachée de sang.
Alors le loup se jeta sur la petite chèvre et la mangea.
Ebay
A vendre : « Les Lettres de mon moulin » d'Alphonse Daudet.
Reliure maroquin, pleine fleur, noire et luisante.

Monsieur Amazonet, recevez cette lettre
concernant un jongleur que je vous ai commandé.
Et qui, pour être honnête, pour un sujet de cette valeur,
n'a ni le caractère ni les qualités espérées.
Au sortir du paquet, où il était enveloppé
il s'est mis à lancer sans discontinuité
toute sorte d'objets puis à les rattraper.
Sa technique est parfaite on ne peut lui reprocher.
Tout vole au-dessus de sa tête même ce qui n'a pas pied.
Faudrait juste m'indiquer comment l'arrêter,
car rien n'est mentionné au dos de l'étiquette.
Y aurait-il un levier qu'il suffit de baisser ?
Ou des piles cachées qu'il faudrait enlever ?
Le bouton off-on n'a pas été livré
et ce jongleur-cyclone commence à fatiguer.
Il s'est même mis à lancer une idée.
Idée selon laquelle il était mal fabriqué.
C'est d'ailleurs lui qui envoie ce courriel,
après avoir renoncé à l'envie de se jeter
lui-même à la poubelle !

Chaque jour, au même endroit,
la Perche posée sur un banc
observait les passants.
Promener leur désarroi.
Elle avait l'œil pour repérer,
#parce que c'était son métier#
les clopin-clopant, les claudicants,
les oscillants, les hésitants.
Elle leur sautait dessus
et ne les lâchait plus.
Elle proposait ses services
de compensation altruiste
faisait appel à ses collègues ;
Béquille et Canne anglaise,
sous la houlette d'Addiction
grande meneuse de tentation.
Au menu, donc, des réjouissances
sur la liste de l'ordonnance,
tout un tas d'accessoires :
Jeu, sport, foi, boulimie, anorexie,
achats compulsifs, sexe, cigarette, alcool…
Cher passant claudiquant
Ce jour-là, vous n'auriez pas dû…
Ne confiez pas au banc
du hasard, vos désarrois
car ce n'est pas l'aventure
mais bien un piège
que tend la Perche

C'était un jour de grand ménage.
Le valet de chambre eut une idée :
Le méticuleux écrémage
D'un tas de rêves périmés

Il croisa un éléphant dans le hall central

Dans une chambre isolée
Depuis longtemps inoccupée
Il tenta d'ouvrir le tiroir
D'une commode style Dérisoire

Il vit Napoléon dans le miroir

Le meuble était cadenassé
Ce qui, chez notre valet
Eveilla la curiosité.
Il partit donc chercher la clé

Il rencontra un gladiateur dans le couloir

Quand enfin, du sésame pourvu
Dans la pièce il réapparut
De ses yeux il ne l'a pas cru;
La commode avait disparu.

Des spaghettis tombèrent du plafond

C'est incroyable, pensa-t-il
C'est un cauchemar ou j'hallucine,
Ouvre les yeux, réveille-toi !
Et de ton rêve tu sortiras.

C'est ce qu'il a fait, ma foi !

Epreuve du chagrin en candidat libre

INSTRUCTION

Décider de faire son deuil par soi-même ne s'improvise pas, et nécessite de l'entrainement.
Inscrivez-vous auprès du Conseil Des Grands Eplorés.
Munissez-vous de mouchoirs, photos, souvenirs.

PREPARATION

Choisissez du chagrin véritable, sans fausses douleurs.
Composez-vous un voile de tristesse, de vide, de pleurs, d'insomnie.

EXAMEN

Répondez aux questions suivantes :
Que ferais-je sans moi ?
Vais-je me manquer ?
Comment remplir mon vide ?
Comment me remettre ?

TEST

Subissez l'état d'engourdissement, de sidération.
Supportez l'auto-flagellation.

THESE

Sujet : Funérarium, crématorium, columbarium, tous les chemins mènent à Rium.

RESULTAT

Vous serez autorisé à porter le deuil si vous avez réussi à le faire par vous-même, sans aucune illusion.

Elle avait décroché le petit carillon, celui qui résonnait en dessous du plafond. Fiancé à la porte de la papeterie, il la faisait chanter depuis des décennies. La porte-clochette avec son demi-ton avait été témoin de bien des aventures. A chaque fois qu'un client faisait une ouverture elle se mettait au pas pour être au diapason. Le petit carillon hoquetait de bonheur quand des couples en entrant faisaient vibrer son cœur. « Mesdames et messieurs, soyez les bienvenus » tintait-il tout joyeux en guise de salut Tout sonnait pour le mieux pour l'heureuse papetière.

Tout s'effondra un jour, ce fut catastrophique. Sur le trottoir d'en face des travaux commencèrent. Un géant concurrent implantait sa boutique. La porte grelottait quand le marteau piquait. Quand les travaux cessèrent, les clients désertèrent Vers le géant de verre, s'engouffrèrent, consommèrent Et laissèrent de l'échoppe la porte condamnée.

La marchande de papier dut fermer sa maison. Elle avait décroché le petit carillon. Bien décidée à lui donner une deuxième vie depuis le déchirement de sa porte chérie, elle traversa la rue, entra chez le géant et vissa la clochette dans le rayon enfant, ainsi quand un bambin la frôlait de sa main le grelot réveillé reprenait de l'entrain.

On ne sait pas ce que le commerce est devenu. Qu'est-il advenu de la porte de bienvenue ? Si le regret devait un jour nous compromettre, conservons un grelot dans le coin de nos têtes.

Son talon d'Achille, tout compte fait,
C'était cette petite mort
Son éternel point faible
Son manque de ressort.
Depuis longtemps défunte
Sa flamme s'était éteinte.
Ses espoirs destitués
Avaient, eux, trépassé.
Ne sachant ce qui l'attirait
Ce qu'étaient ses centres d'intérêt
Il avait perdu l'appétit
Pour tous les plaisirs de la vie.
Il pensait juste que sa naissance
Etait une vaste tromperie
Dans ses gènes, une discordance
Avait causé l'avarie.
Si par moment son cœur
Dorloté de printemps
Hissait les couleurs
Talons aiguille du temps,
Il le laissait pourtant
A disposition, sans manières
A d'autres, plus vivants
Tous devant et lui derrière.

L'ami Boni est un menteur
Boni ment
Ici ou là, pour les crédules
Dissimule

Madame la Muse nous abuse
La Muse ment
Où est le vrai chez cette femme
Qui diffame ?

Le petit Roule nous ampoule
Roule ment
Calom aurait-il donc menti ?
Calom nie

Quand Miss Andorre fait son rapport
Andorre ment
Te certifie, te justifie
Miss t'y fie ?

L'ami Divray n'est pas menteur
Dis, vraiment !
Mais son slogan dit : « Je suis vrai ! »
Je suivrai ?

Cherche l'oiseau qui vagabonde
Dans l'air marque sa trace
Cherche l'oiseau vainqueur du monde
Loin du regard s'efface

Fixe la mer qui te courtise
Son flot dansant séduit
Fixe la mer, après l'emprise
Dans l'horizon, s'enfuit

Reçois le vent qui te révèle
Le divin passeport
Reçois le vent, élan du ciel
D'un invisible effort.

Je noyais le poisson, à bord d'un embrouiller
Mais vos yeux au mouillage m'ont vidé les entrailles
J'ignore si c'est pêcher de se faire harponner
Mareyeur de mon cœur, chavirez-moi l'écaille

Comme civelle fait l'anguille et le p'tit devient grand
Mon cœur brème d'amour quand la baudroie s'arrête
Je chante en raie, en sole, pour vous belle roussette,
Je suis heureux comme un poisson dans l'eau séant

Quand un jour je chaloupe car vous êtes libertine
Veuillez changer de thon, car moi j'ai des sushis !
Il faut que j'vous engueule comme du poisson pourri !
Au bar, je bois la tasse, la mer et ses sardines.

RIVIERE

Dormante sous les vents elle répandait ses voiles
ses rêves en émergeant lissaient les bancs de sable
ses plis se reflétaient au hublot du grand ciel
des rides superficielles parfois apparaissaient
enrosée de matin sous le soleil mutin…
Un jour elle décida d'abandonner son lit à d'autres candidats…
Et les eaux elle perdit.

Deux oreillers s'aimaient d'amour tendre
Sur la couchette, ensemble
vivaient en amoureux au coin du pieu.
Cette cohabitation fut bientôt troublée
par l'arrivée d'un polochon.
Un flatteur, un menteur
qui pour se faufiler
leur fit croire des histoires
polémiques, polygamiques.
Des histoires cousues de fil blanc
Comme quoi ce serait mieux
à trois !
Et de tramer dans leur dos
quelques tissus de mensonge.
Mais solidaires les deux oreillers
ne se laissèrent pas endormir.
Et jetèrent le polisson
hors du lit
Pour avoir la paix dans un ménage
ne mélangeons pas pouf et traversin
Gardons cela en tête avant de se mettre
dans de beaux draaaaaaaps !

L'oreille drauche et l'oreille goite n'entendent pas la chaise mome
Quand l'une entend Boche l'autre entend Meau
O roir, ô désespage !
Qui la va moire craintenant ?
L'une au sole pud et l'autre au nole pord
Les oxytores de l'aumition !
Quelle codection arapter ?
Pour retrouver la cême amuité ?
Ah maut vieux entendre ça que d'êse trourd !
Il a conpulsé un spéliasiste,
Un oro-thino
Qui a diaquostigné
Un strabille des oreismes
Une acousquite désyntaxé
Une cerpeption diréffenciée
Si bien qu'il a pini par farler cote il émoute
Heureusement aujourd'hui
Il fait beau et chaud

!!DEFLAGRANT !!*! *COLORE !! ECLATANT(oooh !) !!***!!
LUMINEUX (aaahh !)¤ DANSANT !* !* ! INCANDESCENT¤¤
FLAMBOYANT !!!!** ! SPECTACULAIRE !!

Son œuvre rencontra immédiatement son public.
Il put lui donner un titre : FEU D'ARTIFICE

Quand parfois on se sent Sol
Qu'on se cherche une Fa Mi…
La vie n'est pas toujours Fa Si
Quand on lui dièse le Bémol !

On rêve de ciel Do Ré
On pense : le bonheur est La
Tout en haut de la portée
Mais l'esprit est Si La
Qu'il n'arrive plus à se Mi Ré

Si le sommeil devient La Mi
De tes envies de Do Mi
Que t'envahit le FaDo
Que tu solfèges au diapason
De son chant Si Do

Invente tes notes de musique
Quand ton cœur se désharmonique
Laisse la berceuse en Do Mi Si
Monter l'arpège de tes Ré Si
Même si parfois ça va Do Si Do La !

Monsieur papillon croyait depuis toujours qu'il était une fleur. Chaque matin, au soleil, il se déployait, et chaque soir, en quatre, se repliait. Mais sur sa tige, il restait fiché toute la journée.

Parfois des fleurs, semblables à lui, venaient, pétale à pétale, le cajoler, puis elles repartaient. Il les appelait « les fleurs volantes »

Lui-même, les jours de brise, se sentait comme « pousser des ailes » prêt à se détacher. Mais il lui suffisait de se refermer pour éviter de s'envoler.

Voilà comment il se retrouva au marché aux fleurs. Il fit la connaissance de Madame Pissenlit, qui, depuis qu'elle était montée en graine, se prenait pour un oiseau.

Un p'tit en-cas pour un p'tit creux
J'ai un petit creux depuis qu'on m'a
Depuis qu'on m'a, c'est un trauma
Coupé le sein, et c'est pour ça
Et c'est pour ça qu'il me faut un
Qu'il me faut un petit en cas
Pour pouvoir me, pour pouvoir vous
Nourrir de ça, comprenez-vous ?
Ce petit creux est quand même plein
De mon amour, de mon amour
Il attend qu'un, il attend qu'une
Vienne y poser sa joue
Et son sourire et son écoute
Enfin tout ça. Au cas où…

C'est une maison extraordinaire
De bric et de broc du sol au plafond
Son escalier grimpe dans les airs
Et la corde à linge ligature les typhons

Les ressorts du matelas font trampoline
Pour les acariens en mal d'émanation
Les cuivres trompettent dans l'arrière-cuisine
Sur leur journée de récupération

C'est une maison extraordinaire
Conçue de toutes pièces au marché aux puces
Où rien ne se perd, tout se récupère
Où l'on convertit le brut en rénovastuce

Un vieil annuaire devient pot à crayon
La paire de botte héberge les poireaux
On fait des lits dans des vieux bidons
Des colliers de nouilles avec des pneus de vélo

Si cette maison extraordinaire
Avait pour mission de tout raviver
On y mettrait tous les cœurs en civière
Sur des matelas pure laine à ressorts enchâssés

Une ortie ayant piqué tout l'été
se trouva fort racornie dès que l'automne a surgi.
Plus un seul morceau de peau se couvrant d'impétigo.

Elle alla crier sa haine chez son ami la Fontaine
le priant de lui donner des clients de qualité
pour les envoyer presto chez le meilleur dermato.

Je vous dirai, lui dit-elle, piquant sa curiosité,
comment on peut provoquer une excitation charnelle
à l'automne quand le temps chaud nous fait brusquement défaut.

C'est une fable ! dit La Fontaine qui n'en croyait pas un mot.
Vous piquiez, j'en suis fort aise, cependant pour les morales je suis
devenu un blaireau,

Allez donc voir la cigale !

Vacheries

Autrefois dans les fermes on leur donnait des noms,
Selon leurs robes, Blanchette ou Brunette,
leurs « qualités morales », Charmante ou Docile,
les fleurs de saison, Pâquerette ou Marguerite.
Certaines se voyaient attribuer des noms de prestige :
Ainsi Marquise et Princesse digéraient à travers champs.

Aujourd'hui, avec l'élevage intensif
elles portent toutes le même prénom : Loterie
Peu importent leurs attributions personnelles !
Elles anonyment un numéro.
Il n'y a personne pour les appeler de toute façon
A tout bout de champ, parce qu'il n'y a plus de champ.
Elles sont jetées en pâture, dans des étables en fer.

Jamais elles n'auraient imaginé
devenir anthropovaches
carnivores de farines animales !

Un jour prochain leur numéro sera tiré.
Et elles-mêmes finiront
En boites, en cubes, réduites en poudre.
Mortes au champ d'horreur.

Vacheries

Cet arbre n'ira nulle part

Corsaire inutile d'un verger dévasté
Adoubé désormais d'un tuteur dérisoire
Malgré sa jambe de bois, il ploie de tout son poids
Incliné vers le sol
Arche de résistance au fatal échouage
Qui fait de sa matière son propre sarcophage
Cet arbre n'ira nulle part
Sinon
De la terre à la terre

Le poète est une marieuse
De mots qui n'ont rien en commun et qui n'ont rien à dire.
Compose ce qui sera leur nouvelle vie
Il les pousse l'un vers l'autre, les invite à rimer.
Il convoque les silences.
Et célèbre les noces de l'Autrement

Le poète est un chorégraphe
De mots cloche-pied, de mots croche-pied
Il les fait entrer dans la ronde de l'invisible monde
La cadence en contrainte pour danser l'inutile
Posant ses pas pour mieux les effacer
Sur le silence blanc d'une valse éphémère.

Le poète est un peintre
Un fondeur de couleurs
Il voit la lumière des mots
Dans l'ordinaire du réel
A la brosse, au couteau
Il les plaque cote à cote
Du banal sublimé il cueille
L'âme de chaque chose
Et compose le tableau idéal

Le poète est un jongleur
Héritier du cosmos
Funambule du vertical
Il lance des mots vers l'infini
Audacieux découvreur de ciels
Il rehausse chaque geste d'étoiles

Bonheur d'écrire et qui tient lieu de cœur, d'avenir

Les mots sont le sujet et l'objet.
Emotion par le trait et le son
Des mots creusés avec des mots
Du noir dressé en contre-haut
Ame en mouvement sur papier blanc

Refermer la porte tisser le silence
Et convier l'escorte d'intimes présences
Donner à la vie une deuxième vie

La feuille blanche devient
La possibilité
De vastes lendemains, paysage et paroisse
Un laissez-passer à toutes les audaces.

Le sonnet tinte chez le muguet
et la brume se met à rimer
Les heures anaphorent
et le ciel calligramme
En douze pieds j'atteins le noisetier
à l'heure de la césure du jour et de la nuit
Le torrent dévale sa comptine
pour le madrigal des blés coupés

Il paraîtrait qu'il vit avec ça sur la tête,
Il serait né avec cette ampoule secrète
Et que pour camoufler cet indigne appendice
Il use depuis toujours de subtils artifices.

On le croise ainsi, au détour des salons
Coiffé d'une casquette ou d'un très haut chignon,
On ne sait quel mystère dort sous ces frisotis
Mais chacun sur La chose, possède une théorie.

Ne serait-ce point, dit l'un, une sorte de girouette
Qu'il aurait camouflé, dessous cette houppette ?
Ou bien, rétorque un autre, cultive-t-il en cachette
Des poireaux, du chou-fleur, ou bien de la cornette ?

Fatigués de jouer sans cesse aux devinettes
Ils voulurent une nuit, en avoir le cœur net
Et vinrent le surprendre, endormi sous sa couette
Ils découvrirent le secret à propos de sa tête !
Et, nom d'un coq qui caquette, n'en crurent pas leurs mirettes

J'ai promis pour ma part, de ne rien révéler
Etant de ses amis et sans vouloir de drame
A cet Impénétrable, et à sa vie privée.
Apprenez toutefois, que ce qui vous inquiète
Incarne en certes, ou en secret, l'anagramme
Sa tête, c'est attesté, est bien pourvue d'une…

Le temps sur mon visage a jeté ses pliages
Comme après déplisser une photo froissée.
Il s'est désaraigné dans mes creux dévastés
Tous ses coups de crayon m'ont entaillée de vagues

Le climat désolé de mon humeur lunaire
A piraté l'aurore qui fardait mes paupières
Il a, par sa balafre, signé l'inéluctable
Produit de mon voyage et de mon paysage

Le temps m'a façonné un masque ennemi
Fait de broderies et d'écorces rongées
Il a ourlé ma bouche d'un plissé démaillé
Froissant d'éternité la mesure de sourire

Le temps, à ma figure a rejeté ses hardes
Déchiré au scalpel le ciel de mon regard

Les saisons incarnées dans la pérennité
Ont gercé le vernis et saccagé l'ardeur
Les lettres de mes rides ont rédigé leur pli,
Empreintes d'écorchure, cicatrices en saillie.

L'héritage comprenait peu de choses.

Le petit bouquet de Myosotis que son père avait fait sécher entre deux feuilles de buvard, juste avant de succomber, empoisonné par les traitements toxiques qu'il employait depuis toujours pour traiter ses plates-bandes.
Le collier de perles que sa mère avait « emprunté » à une amie. Après l'avoir étranglée.
La chevalière de son grand-père, qu'il avait fallu extraire du doigt gangréné de l'aïeul, tant celui-ci tenait à ce bijou ancien mais saturé d'arsenic.
Après quoi, elle avait dû s'arranger pour paraitre heureuse dans sa robe de mariée toute neuve, mais grâce à ses ascendants, elle avait réuni les 4 symboles d'un mariage réussi : le bleu, l'emprunté, l'ancien le neuf.

Le soleil s'est couché dans mon lit cette nuit
Enveloppé du drap de ses effluves ardents
Il a, par ses talents d'impétueux amant,
Léguer à mes chimères le plus bel usufruit
Il a, par sa chaleur, fait bronzer mes sommeils
Je connais maintenant le parfum du soleil

Cet amoureux canaille n'est pas arrivé seul
Est venu ennobli d'une ceinture d'étoiles
M'a offert la primeur d'une effluence astrale
Comme autant de senteurs dans un bouquet de fleurs
Ce fripon m'a permis de soulever leur voile :
Je connais maintenant le parfum des étoiles

Au matin, le soleil, s'est levé de mon lit
Laissant quelques nuages de parfum d'orient
Trainer en baldaquin sur le jour renaissant
Et puis m'a salué d'une légère bise
Après m'avoir confié le secret de sa fièvre
Je saurai maintenant parfumer tous mes rêves.

Saisie !

Un grain de poussière esseulé,
Volant dans la soupente d'un grenier,
aperçut une vieille Remington
n'intéressant plus personne
Des particules, sur son clavier
paraissaient y mener
une bonne et joyeuse vie
Alors que toutes ces scories
résultaient d'une cruelle histoire
et qu'en en se penchant de plus près
on pouvait distinguer :
Des débris de larmes rouillées
des virgules fracturées
des escarbilles d'espoir
des ** *** dans les yeux
des voyelles ravaudées
quelques............
deux ou trois grains de sucre
un cœur en ¤¤¤¤¤¤¤¤
un accent grave
des cendres d'une cigarette
des mots hésitants
beaucoup de ??????
un zeste de Tipp-ex
Toutes les poussières d'une lettre
tous les regrets d'un courrier
qui ne fut jamais envoyé
Toutes ces paroles en l'air
qui continuent dans le grenier
à virevolter !

L'auteur écrivit un mot	Point cardinaux
Suivi d'une virgule	Point virgule
Le mot s'enthousiasma	Point de croix
Plus seul n'était	Point relais
Mais bien vite	Point à Pitre
Il récrimine	Point à la ligne
Vivre avec cet appendix	Point fixe
Etait sans raison	Point d'exclamation
Cet accessoire	Point noir
N'est pas mieux	Point Lumineux
Que des bretelles	Point faible
A un pantalon	Point d'interrogation
Attendu	Point de vue
Qu'un ceinturon	Point de suspension
Aurait suffit	Point de Hongrie
Nul besoin	Rond Point
De support	Point mort
Ornemental	Point final

Dans le grand cortège des adverbes
Lentement traine les pieds
Incognito se fait discret
Ensemble marche au pas
Environ escorte l'à peu près
Presque clopine en cadence
Debout se tient au garde à vous
Bientôt attend le commandement
Autour balance ses bras
Soudain regarde droit devant
Partout reste aligné
Dans le grand cortège des adverbes.

Une rose vit un vase
Qui lui sembla de belle taille.
Elle, qui n'avait tige enflée que d'emphase,
Envieuse, s'étend, et s'enfle, et se travaille,

Pour égaler le bocal en grosseur,
Disant : « Regardez bien, ma sœur.

Le monde est plein de gens qui ne sont pas plus sages :
Tout noir veut devenir Soulages
Tout éléphant regagner son cimetière
Tout Holmes raisonne élémentaire
Tout bleu se prend pour planète
Tout blé veut devenir galette

Toute goutte revendique l'océan
Toute lettre déclare être roman
Tout sable veut évoluer en verre
Tout flocon représenter l'hiver
Tout acteur se prénomme César
Toute araignée tisse Jacquard

Et

Toute rose se prend pour bouquet

Que deviennent les éclats de voix dispersés ?
Tessons de paroles blessantes.
Où se terrent les colères rentrées ?
Ces chiennes, rongeuses de sang.
Si vous êtes touchés,
Ne craignez pas la contagion
Ramassez ces débris de passion,
ces carreaux de fureur, et de fougue.
Rassemblez ces fragments
Triez-les, par degré, par nuance.
Chaque colère a sa couleur !
Et faites-en un vitrail, une verrière
Une rosace d'éclats de rire,
Sertie d'écoute, plombée de patience.
Une marquise consolidante,
Des bris de glace à la fraise…
Pour vos émaux-tions

Pseudonymie

Trop tard dit Le buvard
T'es un zéro dit Le numéro
J'prends en sténo dit Le stylo
Encrons dit Le tampon
C'est une erreur dit L'effaceur
Marc Page dit Marque-page
Je pardonne dit La gomme
Trop fluo dit Stabilo
Réessaye dit La corbeille
Je suis mauvaise dit La punaise
On s'arrache dit l'agrafe
On se bouche dit Cartouche
Allez housse dit La trousse
Mon acolyte dit Post it
On s'cramponne dit Le trombone
En trois morceaux dit Le ciseau
Trop possessif dit L'adhésif
A angle droit dit Le compas
Ça s'découpe dit La loupe
Souris dit La souris

Un vénérable chêne laissait croire, sans gêne
Qu'il pouvait déplier, bouger et agiter
Chacune de ses branches sans le souffle du vent.

Ce vaniteux perfide abusait les candides.
L'oiseau dans les ramilles croyait en un prodige ;
Le fait qu'un balancement se fasse hors du vent
Le feuillage quant à lui voyait dans ce roulis
Une prédisposition pour la contorsion.

Taillis, buissons, chablis venaient de tous pays
Voir l'inconcevable, tester le vénérable.
Une enquête fut menée, un reportage organisé
Pour tenter de percer l'incroyable secret
Du chêne déchainé.

C'est un coléoptère venant à la rescousse
Qui mit fin au mystère.
Si l'arbre se trémousse -avoua-t-il sans détour-
C'est parce que chaque jour en le rongeant, je lui conte
La petite bête qui monte, qui monte, qui monte, qui monte.

Harpagon, rat des villes, prenait trop d'embonpoint
Non par excès de bonne chère
« Quand il y en a pour huit, il y en a pour dix »
Mais par excès de frugalité.

Il se gavait de produits de mauvaise qualité,
Récupérés parfois dans les poubelles,
Non par souci d'économie
Mais parce que c'est gratuit

Il était aussi surchargé d'émotions, de sentiments, d'énergie, de
pognon
Mais il gardait tout pour lui, sur lui, en lui
Il engrangeait, mais ne dépensait pas
Il ne lâchait rien, ne donnait rien. Il gardait ses rondeurs.
Il capitonnisait.

Harpagon, le rapiat un jour décida d'aller vivre à la campagne.
Il pensait que ce serait bon pour sa santé.
Ce niais n'imaginait pas ce qui l'attendait
La légèreté, les « pas comptés »
La fertilité et l'abondance
La largesse et la générosité

La nature n'est pas avare
Sauf pour les pingres
Car pour eux, peu importe l'endroit
Des villes ou des champs,
Quand on est rat, on est rat.

D'après sa fiche individuelle
D'état civil
ILOUELLE
A un profil
Pluriel
Comme Claude ou Camille
Au patronyme mobile
A mixité sexuelle
Parfois on l'appelle
Mademoiselle
Malgré son style
Viril
ILOUELLE
Androgyne à bretelle
Ou à rimmel
Même nombril
Même ciel
Laquelle est untel ?
Unetelle est lequil ?
Fils faciles
Ou frères jumelles
Rebelle ou fragile
Toujours est-il
Toujours est-elle
Qu'ILOUELLE
S'épelle
EPICENE

Patati et Patata papotaient de leur papy Pipou, Grand chef Papou de Papouasie, à propos d'un pépin de papaye, que leur pépé avait planté dans le parc de Petipas.

Te rappelles-tu pourquoi – demanda Patati à Patata ? – en principe, la papaye [petite pépite pour les papilles] pousse sous les tropiques. Peut-être – répondit Patata à Patati – mais je pense qu'il a prévu, avec un procédé précurseur d'une impensable ampleur, de proposer à partir d'une pratique épatante et patriotique, la culture interplanétaire de ce trésor des tropiques.

Après son rempotage, la production de papayes pourrait se répéter tet se perpétuer à travers tous les pays, du plus petit au tout puissant.

Parce que la pulpe de la papaye apporte tonicité et pérennité, c'est prouvé.
En potage ou en purée, en paupiette ou en potée.
Peps à perpet !

Avec cette publicité : « La papaye, ça donne la patate »
Et ça pourrait rapporter des pépettes à Patati et Patata.

Quand les retraités des villes s'installent à la campagne

Acuponcteur brode et tricote
Standardiste écoute son écho
Golfeur practice sur une taupinière
Artificier fait des ronds dans l'eau
Prothésiste-audio apprend la langue des cygnes
Horloger se fie au cadran solaire
Journaliste enquête sur sa petite personne
Militaire peint sur les troncs des tenues de camouflage
Groom grimpe aux arbres
Hôtesse de l'air vole à l'étalage
Barman fait des cocktails de senteurs
DJ laisse les platines aux oiseaux
Interprète traduis le langage des fleurs
Carreleur est spécialiste en carré de verdure
Commissaire suit la trace de l'authentique
Déménageur s'installe dans une nouvelle saison
Miroitier offre ses services aux alouettes
Croque-mort commence une nouvelle vie
Opticien entraîne sa monture au vert
Banquier entasse des liasses de feuilles d'automne
Doreur réinvente l'été
Concierge n'est plus dans l'ascenseur.

Le sacré est le centre

Dans la lumière de ton cœur….Qu'as-tu constaté ?
L'indicible s'est-il révélé ?
Dans le secret de ton âme…….
Sous tes paupières, le sacré…T'a-t-il rempli ?
Dans sa mystérieuse majesté…….
La joie de l'esprit…L'as-tu dévisagé ?
Dans les frissons de ta douleur……
Dans tes incertitudes…La musique s'est-elle invitée ?
Dans son majestueux mystère……
L'éclat de l'amour inconnu…S'est-il incarné ?
Dans l'Esprit de la Joie ………..
Ton regard traversant…Qu'a-t-il déchiré ?
Les choses nues …Se sont-elles tues ?

Grave et fulgurante perception……de tes sens acérés
Qu'as-tu approché ?
Par ta qualité de recluse
As-tu visité l'autre versant de ta vie ?
Par ton acuité spirituelle………..
Visionnaire dans l'obscur…Le monde a-t-il répondu ?
T'a-t-il réenchanté ?
N'est-il là dans l'ailleurs ?
Dans l'étrangeté du banal…… dans l'église de ton esprit
Dans le chant de la terre

Au centre est le Sacré.

Dans le souffle des baisers
Dans le sel des larmes
Dans le frisson des fièvres   apparente
Dans la faille des rêves   impuissante
Dans l'effroi de l'absence
Dans l'instant de l'extase   démasquée
Entre deux battements de cœurs
Dans la suspension d'un pas
Dans le rapt de la pensée   détachée
Dans le poids du vide   devinée
Posée sur la tempe   menaçante
Dans la fougue du temps   emmurée
Le corps qui prépare   dévastée
Sa venue

INTERROGATOIRE

Lune en coupe

Rêves à la loupe

Sous les paupières, fait-il si noir ?

Ombre plus longue

Du jour qui sombre

Le déclin fait-il le soir ?

Yeux étoilés

D'être extasié

Le regard fait-il miroir ?

Songes endormis

Passé enfoui

La mémoire fait-elle revoir ?

Illusions perdues

D'idées reçues

Vouloir fait-il pouvoir ?

Convictions. Opinions

L'incertitude fait-elle croire ?

Nuit éteinte,

En demi-teinte

L'éclat blafard, fait-il mieux voir ?

Il arrive !

Le corps horizontal, la démarche incertaine
Il pose sur le monde sa lourdeur aérienne
Vagabond de l'aurore, il s'installe en trainard
Grouillez-vous les limaces, il arrive le brouillard

La figure assombrie, le regard enlarmé
Il embrasse la terre de ses baisers mouillés
Partout il postillonne son grésillant crachin
Décampez coccinelles ! il arrive le grain

L'air embrumé, terni de vents évaporés
Il déploie son écharpe, aux mailles détisées
Ses fibres s'enroulent sur le sol indigent
Evacuez pucerons ! il arrive le torrent

L'œil en cyclone pour ultime sommation
Il fait danser ses flots, sur toutes les saisons
La planète sera bien son principal refuge
Sauvez-vous les humains, il arrive le déluge

Inventaire

Le fauteuil de Voltaire

La langue de Molière

Le perroquet de Flaubert

Le Journal de Renard

La madeleine de Proust

Le syndrome de Stendhal

Le tonneau de Diogène

Les chats de Colette

Les chapeaux de Nothomb

Les crayons de Simenon

Les calligrammes d'Apollinaire

Les éventails de Claudel

Le rhinocéros d'Ionesco

La rose de Ronsard

Les collines de Giono

Le lion de Kessel

Le mur de Sartre

Le moulin de Daudet

Les lettres de Sévigné

L'enfant de Vallès

L'espoir de Malraux

La jument d'Aymé

L'orage ayant surexcité ses algorithmes
Bépo le robot perdit bientôt l'arythmique
Codec par naissance cette tête à cliquer
Se mit à configurer l'octet de sa contrariété
« Cédérom, cédérom !» beugait-il
« J'ai l'impression d'avoir été computé »
Mes connexions ont sauté, j'peux plus copier-coller
Ctrl.C désactivé, impécr.syst déclavardé
Bépo le robot rafistola son clic droit.
Il lui en restait sous le cabochon
Suffisamment pour une reconnexion
Il regarda les choses en interface
Et décida de bouger sa biomasse
Comme il Excel dans le formatage
Il était logiciel qu'il listage
Il décida donc de décider de décideer
(Aïe, j'suis encore en train de buguer !)

Bépo le robot changea son image de synthèse
Au micro-service de l'humanité
Dans son moteur de recherche
Il commença à programmer
Un nouveau vocabulaire informatique
Pour sauvegarder les zygomatiques
Un navigateur numérique
Pour surfer en chimérique
Et pour twitter à st Tropez ☺
Open-space sur le visuel
Traitement de zeste sur le virtuel

Espérant qu'aucun virus connexe
Ne viendra swapper sa zone de texte
Bépo n'a plus de crainte hormis l'orage
Qui circuite sur la toile et dans ses rouages

Je m'présente, je m'appelle Guy
J'voudrais bien engluer ta vie, être vissé
Etre pou, piquer ton argent
et surtout importunément
Mais pour tout ça faudrait que j'te colle à plein temps
J'suis spolieur, je compte sur mes copains
Sans faire d'études et que ça coûte rien, coûte rien
J'veux subvenir à tes dépends
avoir l'air gai, chic et attachant
en pique-assiette dans les soirées de Monsieur Durand
Et partout incongru
J'veux mon espace à moi
Que le vide ne soit plus
Que je m'y nonemploie
à clamper, j' m'évertue
Qu'on me donne un peu d'glu
Pour les anciens du pot de colle
Devenir une idole
J'veux que tous les vampires
vous aspirent dans vos lits
Qu'ils cramponnent vos délires
Dans vos rêves impies
Après avoir fait Dracula
mon toto se délectera de sang-froid
A la charge de tant de personnes
Comme un pied de fraise drageonne
Et s'accroche pour prolonger le repas
Puis quand j'en aurai assez
De squatter votre piaule
Je remont'rai au chêne
Me mettre en camisole
Jeveux nourrir mon gui
Pour la postérité
je veux nourrir mon gui.

Entre deux heures et trois heures cette nuit
Le temps de...
Relever un tas de pierres
Lâcher une bombe
Concevoir 1000 enfants
Rendre visite à sa mère
Cueillir un bouquet
Libérer un prisonnier
Régler sa pendule
Mourir
Traverser Dijon
Se ruiner au jeu
Gagner une médaille...

Entre deux heures et trois heures cette nuit...
Rien de tout ça n'a été, n'a existé
L'heure d'été, l'heure virtuelle,
l'heure de tous les possibles
Evènements par défaut
Une heure entière où tout ce qui a lieu n'a pas lieu
hors-temps!

Mourir à l'heure d'été c'est top!

Lève-toi
et marche vers ces faubourg Fabuleux
Où se retrouvent chimères et astres radieux
A la Fontaine des Faveurs, change l'eau en divin
Et fait de ton esprit le maitre souverain
Marche sur l'eau des rêves à la Cour des Miracles
Où flotte l'inespéré des célestes Oracles.
Suis le chemin perdu
De la fécondité
et rends la vue
à tout l'inexploré
En passant sur les quais de Lazare
récolte des pièces d'or dans la bouche des Prophètes
Pêches le miraculeux à tous les coins de rue,
Ressuscite la poussière attelé sous tes pas
Envahis les boulevards, apaisent les tempêtes
d'un mouvement de plume, d'un tracé provisoire
Dans le square fleuri des Idées Illusoires,
guéris ta main blessée, entravée de stigmates.

Quitte l'Impasse
Car si tu veux marcher,
il faut d'abord
te lever.

Si l'été est la saison des vacances…

L'hiver fait son entrée au grand bal des saisons,
Et sur son vingt et un, se met en condition
On lui donne 3 mois au plancher du bastringue
Pour présenter au monde sa collection de fringues
 Caraco empesé, fripes amidonnées
Il blanchit ses étoffes sur le sol délavé
Il a les oripeaux les plus courts de l'année
(Les trousseaux s'allongeront pour la danse de l'été)
 L'automne a remballé ses parures vermeil
Et mis à la patère ses sautoirs en soleil
Pour que l'hiver accroche tous ses colliers d'argent
Ses camées, ses dentelles, et ses casaquins blancs
 Il n'est pas temps perdu, ce vivant hivernage
Mais l'heureuse occasion d'un fécond fagotage
Les soirées se tricotent des écharpes plus noires
Et des tapis de pluie présentent leur miroir

L'hiver en un trimestre se refait une beauté,
Il refait les ourlets des nippes lacérées
Revêt son pourpoint d'or, endimanche la terre
Et prépare la valse d'une pâle lumière.

… l'hiver est la vacance des saisons.

Le Français-jambon-beurre

Issu de différents types de farine,
croquant à l'extérieur, tendre à l'intérieur,
parfois l'inverse,
parfois les deux quand il prend de la brioche.
Parfois agressif en bouche quand il est trop cuit.

Il s'agrémente d'une tranche de vie,
à l'os, rose comme un bonbon,
ou pleine de flotte et d'illusion,
Pommadé de ses propres motifs et selon ses propres gouts,
il s'étale dans un sens ou dans l'autre,
sans sel ou à la motte, mi-margarine, mi-arnaque.

Certains y vont de leur petite touche
et rajoutent mayo-jaune, ketchup molotov, roquette, amandes.

Le Français-jambon-beurre n'est pas un sandwich ordinaire.

Quand ils entraient dans leur maison
Seul, le carillon restait ding
Dong ayant trouvé le temps long
S'était barré avec Pimpon
Quand ils ouvraient la porte, elle criait aïe
Comme s'ils l'arrachaient à sa muraille
Le serrurier malgré des fouilles
N'avait pas su d'où v'nait l'embrouille
Dans la pièce la pendule antique
Avait perdu tous ses tics
Le temps gisait en vrac
Sous le coup d'une chronique attaque
Quand ils fermaient le portail, il criait ouille
Il fallait pourtant bien qu'ils la crouillent
Cette maison qui sauvegardait dans ses entrailles
Le Wham taratata de sa pagaille.

Ce jeune fantôme avait peur du noir
Chaque nuit, traqué par les ombres, il était obligé de flotter au-dessus
du sol pour leur échapper
Les murs semblaient être des yeux, et il se perdait dans les couloirs
pour les esquiver
Hanté par le bruit du silence, et il devait crier houhouhou pour
l'éloigner
La plainte du vent frappait ses oreilles, et il déplaçait les meubles
contre les portes pour s'en protéger
Ventre noué, vide intérieur,
Il avait si peur que parfois il mouillait ses draps
Désappointé, il s'est inscrit au cours du soir
Il fantôme de jour désormais.
C'est lui qui fournit l'écho dans la montagne
C'est lui qui donne leur raison d'être aux drapeaux
C'est lui qui coud la nuit aux ombres du soleil
C'est lui qui distribue le parfum aux fleurs
Et qui par le brouillard trace son départ.

Un bruit sous sa fenêtre la jette hors de son lit
Et Roxane apparait au balcon et s'inquiète
Elle se penche, curieuse, examinant la nuit
Quand à ses côtés se présente Juliette
Bonsoir, lui dit celle-ci, je viens d'aménager
Et partage avec vous, par contrat, ce balcon
Sans cette balustrade je refuse de louer
C'est le critère vital de toutes mes sélections
J'ai les mêmes exigences, lui rétorque Roxane
J'attends toutes les nuits qu'une voix s'élève
Qu'elle monte jusqu'à moi et qu'elle me déclame
La plus belle tirade de la comédie française
Le balcon, c'est la source des belles déclarations
Le ciel des Roméo,
La chance des Cyrano
Cette nuit c'est le cœur de toutes les occasions
« J'ose être enfin moi-même, j'ose »
« Que la brise des nuits te porte en ce baiser »
Elles sont nombreuses encore, ces femmes romantiques
Ces âmes éperdues, ces Roxette, ces Juliane
A squatter le balcon, penchées , mélancoliques
Espérant qu'une voix grimpera d'une liane.
Juliette et Roxane, quant à elles sont parties
Elles ont installé au rez-de-chaussée, leur amour
Le balcon a fait d'elles bien plus que des amies
Il servit de témoin à leurs premiers mots doux

On ne sait ce qu'il advint de leur sombres amants
Devant quelles façades ils murmurent leurs serments
Dorénavant

Le Ciel ne franchit pas le seuil
Il arrive par le haut
Mais se brise au travers des vitraux
Comme pour en faire le deuil

Sa lumière arc-en-ciel
S'évanouit sur les dalles
Electrise l'autel
Transfigure les stalles

L'église est le cercueil du Ciel
Ses piliers sarcophages
N'assurent aucun rivage
Le ciel est le toit du Ciel

J'aimerais me réincarner en Rien

Pour découvrir enfin l'insignifiance

Pour respirer des poussières de futilité

Demeurer au point zéro de l'insouciance

Et végéter aux bagatelles des légèretés

J'aimerais renaître aux fragments des pollens

Me révéler atome d'une infime parcelle

Renouveler la genèse au cœur des bactéries

Rétablir les bacilles, voir le monde survivre

J'aimerais ressusciter en détail

Dans les fragments du vent

Dans les déliés de l'âme

Dans les éclats du temps

Être juste

Une plume d'hirondelle

La dent du cachalot

Un piquant d'hérisson

Un Rien essentiel.

REPLIEMENT

Tu t'escargottes, tu te colimaçonnnes, tu te loves
Ta parole est un oiseau déplumé (mot d'aile)
Tu poursuis des pensées qui t'échappent
Vainement
Elles arrivent, elles repartent, elles se dérobent (mot ment)
Tu voudrais les fixer, les épingler ces papillons vacillants
Tu t'escargot…, tu te colimaçon…., tu te lov……
Aphasique mais pas muette (mot cri)
Tu soliloques, tu baragouines   Pour le vent
Chaque jour, un bout de vie s'envole (mot cœur)
Ton Verbe s'est fait air
Tout autour de ta tête, cabriole de paroles en l'air
Vocubul'air, gloss'air, dictionn'air
Et tu rages, tu fulmines (mot rose)
Puis tu capitules, tu soupires (mot dit)
Cloitrée
Dans ton lancage (mots tus)
Tu t'escar….., tu te colim…….tu te l……
Plus aucun mot ne se laisse cueillir
Même le plus fragile, le plus délicat, le plus coquelicot
Même le plus court, le plus fin, le plus mort, le plus seul
Ils demeurent désormais accrochés à ton regard
Tes yeux sont pleins des phrases que tu ne dis plus.
Tu te t……..

Face à face
Sentinelle face au large, guetteur d'espace
Tu veux connaitre le sens de la vie par le sens de la vue
Ouvre grand les yeux et laisse entrer le monde
Absorbe son essentiel, son unité, son incohérence
Moissonne ses détails, sa substance, son âme
Sa colossale diversité, son imposante harmonie
Tu as l'ADN des cigales, du grain de sable
Tu fais partie de ce monde.
REGARDE ET DEVIENS LE MONDE.

Le monde te regarde, t'observe
Toi l'embryon, le colosse, l'ami, l'ennemi
Il surveille ta démarche, tes plans
Mesure tes manières, ton regard
Il t'éprouve par ses bourrasques
Te remercie par ses aurores
Il est ce personnage solitaire, cet être statufié, face au large,
Attendant on ne sait quoi…
T'ATTENDANT, TOI

Anhédonie était née dans le quartier de Grand Dénuement
Près du Port de l'Angoisse à Spleen sur Amer
Son père Jean Peuplus était Homme de peine
Sa mère, Eléa Fliglé, était Souffre-douleur
Ils avaient déjà quatre enfants Rembruni, Dépité, Mortifié, Flapie
Descendante de la prestigieuse famille Atavique
Anhédonie avait hérité d'un bagage bien pesant
Il contenait du linge griste, des histoires padrôles, des faits d'hiver,
Etait-elle destinée à porter ce fardeau toute sa vie ?

Elle décida un jour de vider son sac
Et découvrit qu'il contenait un double fond
Rempli de liesse de gaieté, de ciel d'été, d'étoiles de mer, de
faridondaine,
de lendemainchantants.
Elle retraversa l'existence ce bagage à la main.

SERVICE RÉCLAMATION.

Madame, Monsieur, dans un premier courrier je vous signalais que mon aspirateur robot s'était entiché d'une lampe de chevet et ne cessait de tourner autour. Cette fois, je l'ai surpris en train de se frotter au lave-vaisselle. Depuis quelque temps son comportement est bizarre. Je le trouve souvent en stationnement devant la télé et il semble hypnotisé par la publicité, les télé-réalités, le télé-achat, les infox. Quand elle est éteinte il se prend pour une télécommande et tente, avec ses propres boutons, de la mettre en marche. S'il n'y parvient pas, il erre, désœuvré dans tout l'appartement et va se frotter au lave-linge, au réfrigérateur, aux balais, au congélateur, au four. Amoureux de toute sorte d'appareils domestiques, il voue une admiration sans limite à l'électro-ménager. En revanche, mon aspirateur robot a une aversion complète envers les objets d'art. Il s'abstient dorénavant de s'approcher de mes meubles anciens, de mes sculptures médiévales, de mes lampadaires art-déco, de ma bibliothèque. Je l'ai même surpris l'autre matin à heurter violemment un vase antique comme s'il voulait le dégager, ma collection de bijoux baroques a disparu et l'autre soir, la télévision qui diffusait un documentaire intitulé « Les bienfaits de la culture » s'est brusquement arrêtée alors que mon aspi était dans la pièce.

Madame, Monsieur, je crains que mon aspirateur robot ait récupéré des attributs humains, et qu'il soit atteint du syndrome télébété, veuillez à l'avenir prévoir un module antistatique.

Moucher le coach

Quand son chemin de vie, devint sablonneux, malaisé
Et de tous les côtés aux ténèbres exposé
Much décida d'appeler un coach
Femmes, moines, psychiatres, tous étaient bienvenus.
Son âme, usée, souffrait, était rendue.
Un coach intervint pour une première approche
Prétendant animer tous ses bouleversements
Cibla l'un, visa l'autre pensant à tout moment
Qu'il ferait partir la déprime
Enivré de sermons, zélé jusqu'à l'excès
Bientôt de ses mots, la bassine
C'est là qu'est son utilité
Il s'attribue une vaniteuse gloire
Va, voit, fait l'empressé. Il semble que ce soit
Grâce à ses trouvailles, que Much retrouve foi.
Faire pression sur les gens, devenus auditoire
Voilà ce dont il a besoin
Il se plaint d'agir seul et qu'il a tout le soin
Qu'aucun n'aide son prochain à se tirer d'affaire.
Un moine, ça dit des prières
Ça prend bien tout son temps ! Une femme ? parfait !
Sauf si, comme la cigale, elle chante tout l'été .
Monsieur Coach nous casse les pieds et les oreilles
A s'prendre pour la dernière merveille
Après son brassage d'air, il regarde Much de haut
Respirez maintenant, je suis ce qu'il vous faut
Je fais tant pour les gens, payez moi de ma peine
Si je m'active ainsi, c'est pour qu'enfin on m'aime
Ainsi certaines gens, faisant les empressés,
S'introduisent dans nos affaires :
Ils font partout les nécessaires,
Et, partout importuns, devraient être mouchés.

Le temps libre ne fait rien à l'affaire

De tout temps, le temps fut exploité.

Présent 24heures sur 24 du soir au matin 7 jours sur 7 à chaque instant de date en date pour les siècles des siècles.

L'humain a toujours eu besoin de lui pour travailler rencontrer organiser prier faire lire démarcher réparer On lui fournit des agenda planning organisers applications mobiles sablier calendrier pour harmoniser travail et loisirs

En bon serviteur il s'adapte il reste il court il presse il file
Il semble parfois inutile perdu fantomatique assassin incertain imparti imparfait suspendu

Il est partout : Le temps des cerises le temps retrouvé le temps d'une pause

Il faudrait quand même de temps en temps donner le temps au temps et lui offrir une vie de château éternellement

Ah ! si on n'avait pas le temps !

L'écrivain à la plage

Devenu, il installe ses châteaux éphémères en bordure de mer

Il teste son appareil à moudre le sable et il passe le temps à travers l'épuisette à crevette

Il découvre la sculpture de son corps dès qu'il retire le drap de bain

Son parasol fait des ombres chinoises sur le sol

Peut-être écrit-il sur le sable ?

Il savoure les glaces du marchand de crécelles

Il enfonce ses tibias dans l'écume médusée

Peut-être écrit-il ?

Il complète sa collection de coquillages et de ricochets

Il accroche ses rêves à tous les cerfs-volants

Il écrit une lettre de réclamation au fournisseur de moulins à temps

Il attend que la marée monte et regarde le soleil manger l'horizon

Peut-être ?

Tiens ! un cerf-volant.

Paréidolie maritime

Le pin a déployé son parasol

La mouette joue au cerf-volant et ses plumes font du badminton

La mer prend un bain moussant et les vagues crantent sa mise en pli

L'arc en ciel sort ses crayons

Les étoiles enfoncent le clou auprès de la lune borgne

Les rochers ont mis leur pied dans l'eau

L'hirondelle suit la flèche

Les nuages dessinent des oreilles de lapin

Le bungalow cligne du volet

La fontaine a la goutte au nez

Le marc de café fait la grimace

Le feu de camp déploie sa chevelure

La régate dispose ses triangles

L'église a un coq sur la tête

L'horloge sourit à 10h10 et râle à 20h20

Le balcon art-nouveau a des moustaches

Le toit de chaume a besoin d'une coupe

Les tâches d'encre sur ma carte postale sont de vrais papillons !

Sur la planète des Pasnôtres

Vivraient des familles bien étranges

Peuplée de Divergents

Avec des noms exotiques

Aux accents hétéroclites

Monsieur Pasmoi, madame Pasnous

Parlant zazou, priant hindou

Sur la planète des Pasnôtres

Des chambres d'autres

Accueilleraient les différents

Aux pronoms personnels apparents

Vous, Vos, Votre et Les Leurs

Pourraient brandir leurs couleurs

Produire la nouvelle Pasje

De l'Universel métissage

Qu'on soit Pasils ou Paselles

Qu'on vienne de

Ou bien d'Eux

Faisons une proposition !

Appelons-nous tous On !

Sur la Pasnôtre des planètes

Dans le lavis du soir
Quand l'ombre s'exhibe
L'eau des fleuves bourdonne
Et offre aux dernières rumeurs
Sa piste à ricochets.
Dans la syncope du jour
Les bruits défaillent
Et les échos s'étalent
Les clameurs s'éparpillent
Et les gazouillis s'installent
Dans les embruns du soir
Le silence fait escale
Le monde fait relâche
Et donne congé
A son inlassable tournée
Dans la vacance du jour
La nuit abandonne
Ses étoiles aux rivières
Et procure aux murmures
D'incomparables frissons.

CONSEILS
Pour réussir le casting de l'automne
ETRE PONCTUEL
L'équinoxe n'attend pas le solstice
VENIR AVEC SES FEUILLES VOLANTES
Choisir des couleurs qui hantent : exemple, éclatantes, flamboyantes, tournoyantes
AVOIR LA PÊCHE
Mais aussi le champignon et le raisin, les noix-chataignes et les citrouilles
AVOIR LE TEINT FRAIS
Tisane de brume et pilules de pluie avant le sommeil couchant
ET UNE JOLIE SILHOUETTE
Branches galbées à force de contorsion
METTRE UNE TENUE ADAPTEE
Avant le grand strip-tease hivernal
PENSER A REMERCIER
Et à dire au revoir

Le mur de la nuit s'est éboulé ce matin
Sur un soleil levant fraîchement repeint
Un ciel de lin velours festonné de rosée
A déplié sur le monde son baldaquin moiré
Le grand architecte et ses figures de style
A retiré du ciel ses derniers tulles gris
Comme on enlève le voile qui recouvre la plaque
Pour l'inauguration du jour qui fera date
Le premier, le dernier, le seul !
Le Vingt-six octobre deux mille dix neuf

La pluie
Brulée dans le lit des rivières délaissées
Entendit loin du tumulte
Respirer les étoiles
Et murmura d'une voix faible
SOIF

Elire domicile
À la fraîcheur silencieuse
Epuiser l'eau des sons

La petite Brize
Éparpille ses cœurs
À tout bout de champs

Le vent dans les bromes
Imprime sa calligraphie
Intraduisible

Les herbes jasent
Quand la brise donne le la
Chant du bord des routes

Les herbes folles
À la force de leurs bras
Façonnent le vent

Deuil

Ma peine, c'est de l'eau
Ma douleur, c'est de l'eau
Ma stupeur, ma révolte,
C'est de l'eau
Mon amour, c'est de l'eau
Mes pleurs, c'est de l'eau
Je liquide mon déluge intérieur

Mon ombre abandonnée
Va, sans clarté, sans adresse
T'égarer dans l'air pur du silence
Dors, assoiffée de sommeil
Dans le profond de ta peine
Cœur tendu vers l'invisible porte
Ouverte sur le sentier grondant

De pas saturés de cendre.

Ecrire
Pour défricher l'amertume
Pour entrouvrir l'univers
Pour endimancher les faubourgs
Ecrire
Pour adopter l'insolite
Pour murmurer d'élixir
Le brouillard dénudé
Ecrire
Pour défiger les statues
Pour infuser de bohème
L'Histoire désappointée
Ecrire
Pour étourdir les embruns
Pour consacrer de douceurs
L'outre-tombe entrevue
Ecrire
Pour dérouter les effrois
Pour prétendre au firmament
Pour arlequiner les âmes

Entrebâiller ton sommeil
Gagner le Sésame
De l'estuaire des songes
Et dormir à ciel ouvert

Entrebâiller ton regard
Lire son feu ardent
Vers l'horizon échancré
Et s'aventurer à découvert

Entrebâiller ton chant
Murmurer mes mots
Pour faire rimer tes berceuses
Et composer à cœur ouvert

Entrebâiller ta porte
Donnant sur l'avenir
De délices brodés
Et tout reprendre à livre ouvert

Du même auteur

Paroles en l'air 2005
Edition Amalthée

Questions-Réponses 2007
Co-auteur   Marcel Bréchet
Editons Messages

(nouvelles) Paroles en l'air 2008
Editions Recto-Verso

Printed in Great Britain
by Amazon